マレーシアと周辺の国ぐに

北回帰線
90° 120°

インド
ベンガル湾

ミャンマー
ハノイ
ネーピードー ビエンチャン ラオス
台湾
フィリピン海

タイ ベトナム
バンコク カンボジア
プノンペン

マニラ

南シナ海

フィリピン
ブルネイ
マレーシア バンダルスリブガワン
クアラルンプール
シンガポール シンガポール

マルキョク
パラオ

赤道

インドネシア

ジャカルタ ジャワ海

東ティモール
ディリ

JN086417

マレーシアのおもな世界遺産

マレーシアでは、2019年現在、次の4件（2つの文化遺産と2つの自然遺産）が世界遺産として登録されている。

● レンゴン渓谷の考古遺跡
● マラッカとジョージタウン、マラッカ海峡の古都群
● グヌン・ムル国立公園
● キナバル自然公園

▲キナバル自然公園。東南アジアで最高峰の標高4095mのキナバル山を中心に、周辺には熱帯雨林が広がる。キナバル山のふもとには世界最大の花、ラフレシアも咲く。

▲グヌン・ムル国立公園。広大な熱帯雨林の中に、ムル山とアピ山を中心に山やまが連なり、大小の鍾乳洞が点在している。ディア洞窟は世界最大の入り口をもつ。

▲マラッカにあるオランダ広場。マラッカは、イスラム教をとりいれ、季節風を利用した海上貿易でさかえた。16世紀以降のヨーロッパ各国の支配のあとがまちなかに残る。

▲ペナン島のジョージタウン。イギリスが最初に入植したのがペナン島で、イギリス統治時代からの歴史的遺産が多く残る。ペナン州は、マレーシアでもっとも華人の割合が多い。

現地取材！ 世界のくらし ⑧

マレーシア

文・写真：東海林美紀　監修：新井卓治

夕焼けにそまる、首都クアラルンプール
のまちなみ。高層ビルがたちならぶ。

現地取材！ 世界のくらし ⑧ ✈

マレーシア

もくじ

スラマッ　パギ
おはようございます

スラマッ　トゥンガハリ
こんにちは（12:00〜14:00）

スラマッ　プタン
こんにちは（14:00〜19:00）

スラマッ　マラム
こんばんは（19:00〜）

ランカウイ島のビーチで休暇（きゅうか）を楽しむ人びと。

ヒンドゥー教の新年のお祭りで寺院（じ）に来たインド系の親子。

ペナン島の屋台街。

コタバルにある食堂（しょくどう）で食事をする人びと。

◀こちらのサイトにアクセスすると、本書に掲載していない写真や、関連動画を見ることができます。

ビダユ族の民族衣装を着た親子。

収穫祭のための身じたくをする親子。

中国系の民族衣装を着た子どもたち。　　市場にならんだ野菜を買う人びと。

森と海に囲まれた常夏の国

豊かな自然と動植物

マレーシアは、マレー半島の南部にあたる西マレーシアと、サバ州とサラワク州があるボルネオ島（カリマンタン島）北部にあたる東マレーシアからなる国で、全体の国土は日本よりも少し小さい面積です。日本からは飛行機で約7時間の距離にあります。

国土全体が赤道近くにあり、気候は高温多湿の熱帯雨林気候です。一年を通して雨が多く、年間の平均気温は約30℃にもなります。モンスーン（季節風）のふく時期によって、季節が雨季と乾季に分かれます。マレー半島の東海岸やボルネオ島は、11〜3月ごろにかけては北東モンスーンがふいて雨の多い雨季となり、5〜9月ごろにかけては南西モンスーンがふいて雨の少ない乾季となります。

全部で13あるすべての州が海に面しています。また、山地の多い地形で、国土の半分以上が森林におおわれています。そのうちの熱帯雨林にはさまざまな動植物が生息していて、その種類は世界でもっとも多いといわれています。

クチル島の海岸。南シナ海に面したトレンガヌ州の港町、クアラブスッの沖に浮かぶプルフンティアン島は、東側のブサール島と西側のクチル島のふたつの島からなっている。マレー半島の東海岸は美しい海岸線が続き、沖合には島も多い。熱帯魚やウミガメも生息している。

▲マレーシアの国花、ハイビスカス。

▲森にはさまざまな種類のキノコが生えている。

▲森の中に生息する全身が緑色のヘビ。

▲ボルネオ島のみに生息するテングザル。川ぞいのマングローブ林におもに生息する。大人のオスは大きな鼻が特徴的だ。

▲サラワク州のサラワク文化村に再現されたオランウル族の伝統的住居。ロングハウスとよばれる長屋で、複数の家族がいっしょにくらす。

◀森にくらす先住民族が「森はスーパーマーケット」と言うほど、森によって人びとのくらしがささえられている。森では薬草や食べ物など、さまざまなものがとれる。

さまざまな民族がくらす国

行政都市プトラジャヤにあるモスクと首相官邸。憲法では、マレーシアの国教はイスラム教と定められているが、国民の信仰の自由はみとめられている。

それぞれの社会と文化を尊重

マレーシアの人口は約3200万人で、そのうち、マレー人と先住民族が全人口の多くをしめています。そのほかに、マレーシアに移住してきた華人（中国人）と、インド人、ヨーロッパ系やアラブ系の人びとなど、さまざまな民族がくらす多民族国家です。それぞれの民族がそれぞれの文化や社会を保ちながら共存しています。

マレーシア全人口の約80％が西マレーシアに住んでいます。西マレーシアに住む人びとの約50％はマレー人ですが、東マレーシアではボルネオ島の先住民族が多くをしめています。

マレー人はマレー語を母語として、イスラム教を信仰していますが、先住民族の大半はキリスト教を信仰しています。また、華人は仏教や道教、キリスト教を信仰しています。インド人はヒンドゥー教を信仰している人が大半ですが、イスラム教、キリスト教、シーク教を信仰する人もいます。

マレーシアの公用語はマレー語で、英語も各民族の共通語として広く通用しています。

▲それぞれの民族衣装を着た子どもたち。新年などのお祭りのときに民族衣装を着る。（左から、マレー人、インド人、華人、華人、ビダユ族）

▲マレーシアで最大級のヒンドゥー教寺院「バトゥ洞窟」。ヒンドゥー教の聖者がまつられている聖地。

▲マレーシアで最大規模の中国寺院「天后宮」。春節（中国旧正月）の時期になるとたくさんの赤いランタンがかざられる。

▲マレーシアでもっとも古い聖公会のひとつ「セント・マリー聖堂」。

▲伝統的マレー文化が残るクアラ・カンサーにある「ウブディア・モスク」。

都市近郊にくらす大家族

ティハニさん

玄関前のテラスでくつろぐティハニさんの家族。

マレー人家族のくらし

　ティハニさんは、クアラルンプールの中心地から7kmほどはなれた郊外のしずかな住宅街にくらしています。

　玄関からろうかを通ると、1階には広い居間があって、その一角が子ども部屋になっています。学校のかばんや教科書、おもちゃが置いてあって、宿題や食事もここですませます。居間のわきには台所とお手伝いさんの寝室、客間とトイレ・風呂場（シャワールーム）があって、子どもたちは客間のトイレとシャワーを使っています。

　階段で2階にのぼると、おじいさんとおばあさんの寝室、ティハニさん家族の寝室、いとこ家族の寝室があります。

▲ティハニさんの家族がくらす家は、2階建ての一軒家。家の前は車をとめるガレージになっていて、家のうしろには庭がある。

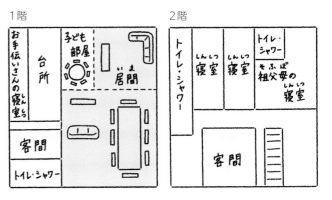

台所で料理をする、インドネシア出身のお手伝いさん。

▲マレー料理では米をよく使う。米は炊飯器でたく。

▲マレー料理では調味料をたくさん使う。

▲寝室にあるクローゼット。

▲洗濯機から洗濯物を取り出して、庭で洗濯物を干す。

▼シャワールームとトイレ。断水に備えて、いつも浴槽に水をためている。浴槽の水にはつからない。トイレのあとは、トイレットペーパーを使わずに、おしりを水で洗う。

居間のソファ。お父さんと弟と遊んでいるティハニさん。

子ども部屋。テーブルの上にはティハニさんお気に入りの人形がならべられている。

イスラム教の小学校に通うティハニさんの制服。スカーフをかぶって学校に行く。

インタビュー

大家族でくらすティハニさん

　学校の友達の家は、両親と子どもだけの核家族が多いですが、私の家は、おじいさんとおばあさん、いとこ家族といっしょにくらしています。学校が終わったあとや週末は、近くに住んでいるいとこも遊びにくるので、いつも家の中はにぎやかです。

マレー家屋でのくらし

家族が代だいくらす家

ペナンにくらす、ヘッサさんとコイムさんのきょうだいは、伝統的なマレー様式の家に住んでいます。おばあさんが子どものころからずっと住んでいる家で、何度も改装をしながら、代だいこの家に住んでいます。

平日の日中は、みな学校や仕事があって、広い家の中はとてもしずかです。休日やお祭りの日は家族や親せきで集まってすごします。

▲伝統的なマレー様式の家屋。高床式になっていて、その下はガレージとして使われている。

2階にあるマレー様式の居間。伝統的なつくりで、くぎが1本も使われていない。ヘッサさんとコイムさん、お父さんとお母さん、おじいさんとおばあさん、おじさんがくらしている。

▲キッチンでお手伝いさんからジュースをもらうヘッサさん。

▲生まれたばかりの弟にミルクをあげるヘッサさん。

▲すぐ近くに住んでいるいとこのアリシャさん（右）と宿題をする ヘッサさん（左）。

▲玄関とテラス。マレーシアでは、くつをぬいで家の中に入る。暑いので よくサンダルをはくが、学校やオフィスにはくつをはいていく。

コイムさんの1日

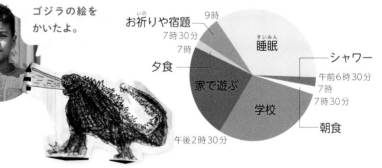

ゴジラの絵を かいたよ。

9歳のコイムさんは、朝6時 30分に起き、シャワーを浴びて 歯をみがきます。そして、小学校 の制服に着がえて、髪を整えたら、 シリアルなどの朝食を食べて、学校へ行 きます。午後2時半に学校から帰ってくる と、着がえてからテレビを見ます。それ から、妹やいとことゲームをしたり、お もちゃで遊んだり、家の中ですごします。 絵をかくことが大好きで、絵をかきはじ めると時間がたつのをわすれてしまうほ どです。午後7時に夕飯を食べて、おじい さんとお祈りをしてから、宿題をします。 それから次の日の学校の準備をして、テ レビを少し見てから、眠ります。

お祈りや宿題
7時30分
7時
夕食
家で遊ぶ
午後2時30分
9時
睡眠
学校
シャワー
午前6時30分
7時
7時30分
朝食

▲ベッドで眠る。寝室はきょうだい で同じ部屋を使っている。

▲朝、風呂場でシャワーを浴びて歯み がきをする。

11

多様なマレーシアの住宅

都市にふえるコンドミニアム

以前は、一軒家やテラスハウスとよばれる低層の集合住宅、高さに制限のあるマンションが一般的でした。ところが、最近は、急速な都市化で人口がふえて土地のスペースが限られていることもあり、高層のマンション（コンドミニアム）が次つぎと建てられています。ほとんどのコンドミニアムには住人が自由に使えるプールがついていて、スポーツジムや、パーティー用のホールがついているところもあります。

人口が都市に集中することにより、交通渋滞や廃棄物の問題、環境とのバランスをどのようにとっていくのかが課題となっています。

▲テラスハウスがたちならぶ地域。奥には、コンドミニアムや新しい高層ビルが次つぎと建てられている。

◀コンドミニアムの居間。窓を開けると風が入ってくる。ふだんはクーラーか扇風機が使われている。

▶コンドミニアムのベランダ。都市のなかでも緑を取り入れるくふうが見られる。

家の中でのお祈りと祭壇

　民族や宗教がちがっても、家のつくりに大きなちがいはありませんが、インテリアには少しちがいがあります。中国系の人とインド系の人の家の前や家の中には、祭壇や置き物が置いてあることが多いですが、イスラム教徒の人がくらす家には祭壇がありません。イスラム教では、神はアッラーだけで、偶像崇拝が禁止されているからです。

▲仏教徒の仏壇。中国系の家の中には赤い縁起物が多い。

▲イスラム教徒は、サウジアラビアにある聖地メッカに向かって1日5回お祈りをする。

▲ヒンドゥー教徒の家の祭壇。

暑い土地でも快適にくらすくふう

　マレーシアの伝統的な家のつくりは、風通しをよくして、洪水や野生動物を避けたり、車庫や物置として利用したりするために、高床式になっています。
　また、玄関の前には屋根つきのテラスがあり、家の中に直射日光が入らないようになっています。風通しもよいので、テラスにいすやテーブルを置いて、だんらんのスペースに使われています。

▲高床式の家。

▲玄関の前のテラス。

バラエティ豊かな料理

民族ごとに特徴ある料理

マレーシアの料理は、マレー系、中国系、インド系、ニョニャ料理と大きく分けることができます。マレーシアでは、それぞれの民族が故郷の味を守りながらも、たがいに影響しあって、独特の食文化が形づくられました。

マレー語で、「ご飯もう食べた？」という意味の、「スダ・マカン？」が仲のよい人どうしのあいさつとして使われます。それほど、マレーシアではご飯を食べることはとても大切にされているのです。

マレー系

イスラム教で禁止されているぶた肉やアルコールを調理に使わない。地域によって味のちがいがあり、スパイスやハーブをよく使う。

ナシレマ

▲ココナッツミルクでたいたご飯に、トウガラシやタマネギなどを油でいためたサンバルソースをまぜて食べる、マレーシアの代表的な朝食。

ナシクラブ

▼青い花で色をつけたご飯に、モヤシやココナッツフレークをのせて食べる。

サテー

▶焼き鳥。ピーナッツソースなど、あまからいソースをつけて食べる。

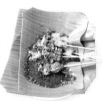

中国系

新鮮な野菜や魚がたくさん使われている。ぶた肉を使った料理も多い。

バクテー

◀ぶた肉をさまざまな漢方薬といっしょに煮こんだ料理。

ハイナンチキンライス

▶蒸しどりのたきこみご飯。チリソースをかけて食べる。

レイチャ

◀ご飯の上に野菜やピーナッツをのせ、さらにお茶をかけて食べる料理。

インド系

スパイスのきいたカレー料理が中心。

ロティ・チャナイ

▼うすくのばした生地を鉄板の上で焼いたパンケーキ。カレーソースをつけて食べる。

バナナ・リーフ・カレー

▲バナナの葉の上にご飯、カレー、おかずをのせた料理。

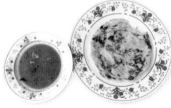

トーセイ

▶米粉などを水でといて発酵させ、うすく焼いた料理。

ニョニャ料理

マレー料理と中国料理が融合した料理。さまざまなスパイスとココナッツミルクを使うのが特徴。ぶた肉は使わない。

オタオタ

▲魚のすり身にココナッツやタマネギなどを練りこんで焼いた料理。

カンコン・ゴレン・チリ

▶空芯菜をからい味つけでいためた料理。

アッサム・フィッシュ

◀タマリンドとスパイスの風味豊かなソースで魚を煮こんだもの。

ご当地めん料理

めん料理は、もともとは中国から入ってきたもの。マレーの文化とまじり、それぞれの土地で独自の進化をとげた。なかでもラクサはマレーシアの代表的なめん料理で、シンガポールやインドネシアでもよく食べられている。

アッサムラクサ

◀ペナン島で食べられているからくて酸味のあるめん。魚のだしがよくきいている。

サラワクラクサ

▶サラワク州のラクサ。カレースープにめんが入っていて、エビやとり肉などがのっている。

コロミー

▶サラワク州で朝ご飯によく食べられている。細めのちぢれめんに、かおりのついた油を入れてまぜて食べる。

ボルネオ島の先住民族の伝統料理

先住民族の伝統料理のひとつで、竹が利用される。お祭りのときに、よく食べられる。

▲竹筒にご飯やとり肉を入れて、火の近くに竹筒を置いて焼く。

バンブーライス

▲もち米にココナッツが入ったあまいご飯。

バンブーチキン

▶竹筒にとり肉とタピオカの葉を入れ、蒸し焼きにする。

マレーシアのスイーツ

マレーシアでは、あまい食べ物が多い。毎日、ドリンクとスイーツで一服する、ティータイムの時間がある。

カヤトースト

▶トーストにココナッツジャムとバターがはさまれたトースト。朝ご飯にコーヒーと食べる。

チェンドル

▲ココナッツミルクとヤシ砂糖の蜜をかけたかき氷。

クエ

▲マレーの伝統的なお菓子。

ここに注目！

人気のテ・タレ

　インド系イスラム教の食堂は、朝から晩まで、民族をこえて多くの人でにぎわいます。ご飯にさまざまなおかずをのせたナシカンダーというスパイス料理を食べたり、テ・タレなどのお茶を飲んだりしながら、家族や友人と楽しくおしゃべりをします。マレーシアの人びとにとってかかせない、いこいの場所です。

▶あまいミルクティー、テ・タレ。

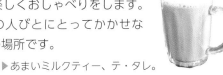

▲高い位置から何度も注ぎ返して、テ・タレをつくる。

さまざまな食と習慣

外食が多いマレーシア人

　マレーシアでは、朝早くから夜遅くまで食堂や屋台があいていて、いつも多くの人でにぎわっています。店の種類も多く、人気の店はいつも行列ができています。家で料理をするのは、おもに家族がたくさんいる家庭です。

▲学校が終わって、近所の店にフライドポテトやアイスを買いにきた子どもたち。

▲マレー系とインド系の人は手を使って食べる人が多く、そのさいには右手だけを使う。外ではフォークやスプーンを使うことも多い。

▲食前と食後に手を洗うための、アルミでできた伝統的なマレーの水差し。

中国系の人は、はしを使って食べる。

▲生野菜は、揚げ物やカレーのつけあわせとして食べられる。新鮮な野菜がたくさんならぶコタバルのマレー系食堂。

▲手づくりの肉まんを蒸している中国系の食堂。

動画が見られる！

▲クアラルンプール最大の屋台街、ジャラン・アロー。夜おそい時間まで多くの人びとでにぎわう。

ベジタリアン料理

インド系や中国系の人びとは、肉や魚など、動物由来のものを食べない人（ベジタリアン）も多い。

▼インド料理の定食「ターリー」。写真のターリーには、肉や魚が使われていない。

▲ナン。カレーにつけて食べるパン。

私たちのレストランでは、野菜やチーズを使った料理だけを出しています。

▶新鮮な野菜ジュース。

ここに注目！ みんなで食べるなら魚料理が安心

どの州も海に面しているマレーシアでは、魚が料理によく使われます。イスラム教徒はぶた肉を、ヒンドゥー教徒は牛肉を食べません。仏教徒のなかには牛肉を食べない人もいます。そのため、みんなでご飯を食べるときには、魚やとり肉、野菜を使った料理が選ばれることが多いのです。

▲新鮮な魚がならぶ市場。

▲あみを使って魚をとる漁師。

食と習慣③

熱帯の新鮮な野菜や果物

地元でとれた野菜や特産品がならぶ
コタバルの市場。

▲市場にならぶトウガラシ。マレーシアの料理では、トウガラシが
よく使われる。

▼サラワク州の市場では、山菜も多くならぶ。

カラフルな生鮮市場

　マレーシアは1年を通してあたたかく、雨が多いことから、野菜や果物の生産がさかんです。また、市場やスーパーマーケットにはいつも地元の新鮮な野菜やフルーツを求める人たちが集まり、とても活気があります。1年を通してさまざまな野菜と果物がならびますが、旬の季節があるものもあります。

　マンゴスチン、マンゴー、ドラゴンフルーツ、ドリアン、ランブータン、パパイヤなど、熱帯特有の果物がならぶと、とてもカラフルです。

ランブータン

マレー語で「毛」を意味する「ランブッ」からその名がついたといわれている。ライチのような、みずみずしくさわやかな味がする。ドリアンとほぼ同じシーズンに収穫される。

▲▲赤い皮や、黄色の皮のランブータン。

高くて大きなランブータンの木。

こうやって、真ん中を割って食べるよ！

ドリアン

果物の王さまといわれるドリアンは、ねっとりとして濃厚な味がする。ただし、強烈なにおいがあり、ホテルなどでは持ちこみが禁止されているほど。ドリアンを使ったお菓子も多い。

▲ごつごつしたかたい外皮でつつまれている。実はやわらかく、中に大きな種が入っている。

▲高級品種のドリアンがならべられた皿。

▲ドリアンのシーズンには、ドリアン専門のお店もできる。

包丁を使ってかたい皮を割る。

都市の交通とまちのようす

まちのシンボルのペトロナス・ツインタワーが
そびえる。ビジネスや観光の中心地だ。

首都クアラルンプールのまち

　クアラルンプールは人口170万人をこえる、東南アジアのなかでも有数の大都市です。クアラルンプールは、マレー語で「泥が合流する場所」という意味で、略してKLともよばれます。熱帯地域特有の緑の多い都市で、現代的な建造物と歴史的建造物、そして自然とが調和した美しい景観が見られます。

　近年、マレーシア全土で急速に都市化が進んでいます。そのいきおいはとどまらず、都市の数と範囲はさらに広がるといわれています。

　公共交通機関は、クアラルンプール市内では、バスとMRT、LRT、モノレールといった地上と地下を走る3つの鉄道、クアラルンプール市内と郊外を結ぶ近距離電車（KTMコミューター）が運行しています。まちの中心部では、無料の巡回バスも運行しています。公共交通機関や高速道路の料金所では、プリペイド式のカードを利用することもできます。タクシーもまちなかをとびかうように走っています。

　人びとの一番の移動手段は自動車で、通勤、通学時は道路が渋滞します。また、オフィスが集中するエリアでは、通勤の時間は多くの人が電車を利用するため、満員電車になることがよくあります。

クアラルンプールの中心地には
モノレールが走っている。

都市を結ぶ高速道路。マレーシアは日本と
同じ左側通行の国。

ガソリンスタンドはセルフ式。
自分でガソリンを入れる。

▲プリペイドカードが使える駅の改札。

▲都市部を走るバスは本数が多い。

ここに注目！　アプリで車をよべるタクシー

スマートフォンのアプリでタクシーをよべるサービス「グラブ」が、都市部を中心に、マレーシア全土で普及しています。行き先までの料金を事前に知ることができ、クレジットカードを登録しておけば、料金は自動で口座から引き落とされるので、車の中での支払いも必要ありません。

▲商業施設にあるグラブの乗り場。

▲スマートフォンで地図を見る運転手。

都市のくらしと買い物

共存する大型店と個人商店

　マレーシアでは、どの都市に行っても、必ずショッピングモールがあります。大型のショッピングモールが次つぎに建てられています。フードコートやレストラン、映画館、家電製品、洋服、化粧品、スーパーマーケット、コンビニエンスストアなど、ありとあらゆるお店が中に入っています。

　いっぽう、まちなかの細い路地に入ると、昔ながらの個人商店も多く見られます。これらの店も人びとの生活には欠かせないので、ショッピングモールなどの大型店と共存しています。

▲ たくさんの人でにぎわうショッピングモールの店内。

クアラルンプールの中心地にあるショッピングモール。

スーパーマーケットにならぶ生鮮食品。

▲ショッピングモールやホテルがたちならぶクアラルンプールのまちの中心地は、いつも車通りがはげしい。

▲食料品や日用品を売っている雑貨店。

都市の店と施設

　都市には、毎日の生活に欠かせないさまざまな店や施設が集まっています。個人商店や屋台などのお店をのぞいて、病院やガソリンスタンド、コンビニエンスストアでの支払いは、現金を使わずに、クレジットカードやスマートフォンのアプリを使って決済をする、キャッシュレス化がすすんでいます。

▲総合病院の小児科病棟のろうかに立つ看護師。

▲まちなかにあるコインランドリー。

▲ショッピングモールに入っている床屋さん。

まちなかに残るカンポン

　マレーシア各地の都市には、中国人街のチャイナタウンや、インド人街のリトルインディアなど、民族ごとに集まる住宅街があります。
　マレー語で村のことをカンポンとよびます。地方の村のこともカンポンとよびますが、都市のなかにも、カンポンとよばれるマレー人の住宅街があります。マレーの伝統的な生活を残しながら、人びとがくらしています。

◀クアラルンプール郊外にあるカンポン・バンダール・ダラム。伝統的なマレー家屋が残る。

◀クアラルンプールのまちなかで、もっとも古い住宅街カンポン・バル。サテー（→14ページ）を売る屋台。

都市にある小学校

マレー系の小学校

マレーシアの公立小学校は、大きく分けて、おもにマレー語で授業がおこなわれる学校と、中国語かタミル語で授業がおこなわれる学校があります。

ブキ・ダマンサラ校はクアラルンプールにあるマレー語で授業をおこなう学校です。マレーシアの学校では1年が2学期に分けられていて、前期は1～5月、後期は6～11月です。前期と後期の間は2週間ほどのスクールホリデーで学校は休みになり、次の学年に移るときは1か月間のスクールホリデーになります。

学校があるのは月曜日から金曜日までです。州によっては日曜日から木曜日までの学校もあります。登下校は、一般的には家族が送りむかえをしますが、家庭によってはお手伝いさんや運転手さんが送りむかえをする場合もあります。学校給食はありません。休み時間になると、校内の売店でおそい朝食を買って食べます。昼すぎに学校の授業は終わります。

イスラム教徒の児童とイスラム教徒ではない児童（非イスラム教徒）に分かれての授業もあります。この学校には、マレー人ではない児童も約4割います。

マレーシアの学校制度		入学年齢のめやす
就学前教育	幼稚園2年間	4歳
初等教育	小学校6年間	7歳
中等教育	中学校5年間	13歳
上級中等教育	大学予備教育課程2年間	18歳
高等教育	大学3年間	

＊義務教育は、法律ではとくに定められていない。

▲イスラム教徒の女の子はスカートの丈を長くして、肌を見せない。学級委員をつとめる児童の制服の色は青色。

動画が見られる！

ブキ・ダマンサラ校の全校児童は1060人。1クラスは約30人で、1学年に6クラスある。

6年生の時間割（じかんわり）

		月	火	水	木	金
0	7：30～7：40	集会	読書	読書	読書	読書
1	7：40～8：10	集会	英語	読書	国語	コーラン（イスラム教徒）道徳（非イスラム教徒）
2	8：10～8：40	算数	美術	保健（ほけん）	算数	英語
3	8：40～9：10	算数	美術	保健	算数	英語
4	9：10～9：40	英語	体育	理科	体育	国語
5	9：40～10：10	英語	体育	理科	体育	国語
6	10：00～10：30	休み時間				
7	10：30～11：00	国語	ジャウイ語とコーラン（イスラム教徒）道徳（非イスラム教徒）	算数	英語	社会
8	11：00～11：30	国語		算数	英語	家庭科、コンピューター（隔週）（かくしゅう）
9	11：30～12：00	イスラム教（イスラム教徒）道徳（非イスラム教徒）	アラビア語	英語	アラビア語	
10	12：00～12：30		音楽	英語	アラビア語	
11	12：30～1：00	理科	国語	社会	コーラン（イスラム教徒向けの選択授業）（せんたくじゅぎょう）	
12	1：00～1：30	理科	国語	社会		

英語の授業（じゅぎょう）は、子どもたちにとても人気があります。みんな熱心に勉強して、よく英語を使っています。

◀英語のレイラ先生。

▶小学6年の英語の教科書。

◀小学6年の国語（マレー語）の教科書。

▲休み時間のようす。子どもたちは好きなものを売店で買って食べる。

▲校庭にあるマレー式の建物の中で、マレーの伝統文化を学ぶ授業。（でんとう）（じゅぎょう）

▲放課後に図書室でチェスをして遊ぶ子どもたち。

▲イスラム教徒の児童たちに向けた、イスラム教の授業。（じゅぎょう）

25

さまざまな公立小学校

パソコンを使ってプログラミングを学ぶ授業。

動画が見られる!

中国系の小学校

　マレー系の学校でも、中国系またはインド系の学校でも、マレーシアの公用語であるマレー語と英語は必ず学習します。中国系とインド系の学校では、それぞれの民族の母国語である中国語またはタミル語も必ず学ぶことになっています。

　クアラルンプールにあるチュン・ウェン校は、中国系の学校で児童のほとんどは中国系ですが、中国語を母国語としない子どもも通っています。

▶かばんには教科書がたくさん入っていて重いので、キャリーバッグを使う子どもがほとんど。

朝、ボランティアの保護者が、図書室で読み聞かせをおこなう。

休み時間に朝ご飯を買って食べる。昼食の時間はなく、昼すぎに学校は終わる。

▲卒業式の集合写真を校庭で撮影する6年生。

卒業式には
このガウンを
着ます！

インタビュー

校長先生インタビュー

　私たちの学校では、理数教育に力を入れているので、算数や理科、パソコンが得意な児童が多くいます。中国系の親はとくに子どもの教育に熱心で、学校の運営にも協力してくれています。子どもたちには、何でもチャレンジしてほしいです。

■ 寄宿制の小学校

　サラワク州のムルにあるバトゥ・ブンガン校は、広大な熱帯雨林の近くにあります。家が遠いために、毎日学校に通うのがむずかしい子どもは、学校のすぐとなりにある寄宿舎で生活をして、週末に家に帰ります。

サラワク州のクチンで、船を使って登下校をする子どもたち。

◀6年生の教室。子どもたちが楽しく勉強できるように、先生がインテリアをくふうした。

▶同じ敷地内には幼稚園がある。

◀寄宿舎の中で使われているベッド。子どもたちはここで眠る。

▶校舎は、高床式になっている。

子どもの遊び

楽しい遊びとパーティー

外遊びもゲームも楽しむ

　子どもたちは遊びを見つけるのが得意で、どこに行っても、子どもたちが元気に遊んでいるのを見かけます。外で友達と体を動かして遊ぶことも、家の中でゲームや人形を使って遊ぶこともあります。スマートフォンやタブレット端末を使って、ゲームをしたり、お気に入りの動画を見ることも人気です。

テストが
終わると、
ブロックで
遊ぶよ！

私たちは絵
をかくのが
大好き！

▲マレーの伝統的なこま遊び。

▲公園で水風船をぶつけあって遊ぶ。

▲家でゲームをして遊ぶ。

家の庭にあるトランポリンで遊ぶ。

たくさんの友達と誕生日会

　子どもたちは、誕生日がくると友達を招いてお祝いをします。誕生日をむかえる子どもと親で相談して、パーティーのテーマを決めて、友達を誕生日会に招待します。家でやることもあれば、ホテルや施設を借りて盛大にやることもあります。

◀9歳の誕生日のファティマさん。

ユニコーンがかわいくて好き！

動画が見られる！

▲友達にもらったプレゼントをひとつずつみんなの前であける。

▲お母さんとお姉さんが手づくりしてくれたバースデーケーキ。ケーキカットはパーティーのメインイベント。

▲パーティーに来てくれた友達にお菓子を配って、おもてなしをするファティマさん。

▲誕生日会に集まった友達とお母さんたち。今回のパーティーのテーマカラーはピンク色。

休日のすごしかたとスポーツ

休日は家族ですごす

マレーシアでは、一般的（いっぱんてき）に土曜日・日曜日と祝日が休みで、日曜日が祝日のときには、月曜日が振替休日（ふりかえ）になります。休みの日には、家族で公園やショッピングモールなどに出かけるか、家でのんびりとすごします。

長期のスクールホリデーの間は、お父さんやお母さんも仕事を休んで、国内外を旅行したり、遠くの親せきの家を訪（たず）ねることもあります。子どもがいる家族はこの時期に遠くへ出かけるので、空港や高速道路はとても混（こ）みあいます。

▲日曜日の夕方に公園でスワンボートに乗る親子。

▲休日、近所の食堂（しょくどう）で朝ご飯を食べる親子。

休日の公園ではシャボン玉が売られていて、子どもたちに大人気。

人気のスポーツはサッカー

マレーシアの子どもたちに人気のスポーツは、サッカーです。そのほか、バドミントンや体操（たいそう）、アーチェリーなども人気です。学校が終わると友達と遊んだり、学校のクラブ活動で練習したりします。

▲放課後、学校のグラウンドで練習をするクラブチーム。

最高のサッカーチームだよ！

▲それぞれの学校のクラブチームによる対抗戦（たいこうせん）がおこなわれる。

夢（ゆめ）はプロのサッカー選手になること！

新体操（しんたいそう）では体のやわらかさが大切！

▲マレーシアには子ども向けの体操（たいそう）教室も多い。

◀集中して的をねらうアーチェリー。

マレーシアがオリンピックではじめてメダルをとった競技（きょうぎ）はバドミントン。

さまざまなお祭りと祝日

民族の数だけある たくさんのお祭り

　マレー系、中国系、インド系を中心に、さまざまな民族がくらすマレーシア。それぞれが信仰する宗教にまつわるお祭りは、人びとのくらしに根ざしています。自分が信仰している宗教や自分の民族とはちがう祝日やお祭りでも、代表的なものは国民の休日になっています。また、その地域だけの祝日もあります。

　祝日やお祭りの日には、親しい人を家によんで、食事やお菓子をふるまうオープンハウスをおこないます。これには、自分とはちがった民族や宗教の人を招くこともあります。マレーシアでは、それぞれの民族の宗教やお祭りをたがいにみとめあっているのです。

2020年のマレーシアの祝日	
日にち	行事名
1月1日	新年 ※1
1月25・26日	春節（中国旧正月）
5月1日	メーデー（レイバーデー）
5月7日	ウェサックデー（お釈迦さまの誕生日）
5月24・25日	ハリ・ラヤ・プアサ ※2（断食明けのお祝い）
6月6日	国王誕生日
7月31日・8月1日	ハリ・ラヤ・ハジ ※2（犠牲祭。35ページの「ここに注目！」を参照。）
8月20日	イスラム暦新年 ※2
8月31日	国家記念日
9月16日	マレーシアデー
10月29日	ムハンマド生誕祭
11月14日	ディーパバリ ※2（光の祭典）
12月25日	クリスマス

※1　ジョホール州、ケダ州、ケランタン州、ペルリス州、トレンガヌ州以外。

※2　これらの祝日は日にちが変更されることがある。

ヒンドゥー教の新年を祝う

　マレーシアにくらすインド系の人びとの多くは、ヒンドゥー教を信仰しています。ヒンドゥー教徒にとって、1年でもっとも大切なお祭りが、ディーパバリです。ヒンドゥー教のお正月にあたる日におこなわれ、「光の祭典」ともいわれるお祭りです。ディーパバリの前には、人びとは家の中をきれいにそうじして、新しい年をむかえる準備をします。ディーパバリの日は、新調した服を着てヒンドゥー寺院に行き、お参りをしたあとに家にもどって、親しい人たちを家に招待するオープンハウスをおこないます。

　インド系の人が多くくらす地域では、夜は爆竹や花火で盛大にお祝いします。

ディーパバリの1か月ほど前から、ショッピングモールには、色づけしたお米や砂、花びらでえがかれたコラムというアートがかざられる。

ディーパバリの前夜は、家族のご先祖さまの写真をかざり、新調した服やごちそうを置いて、家族の新しい1年の安全をお祈りする。

▲ディーパバリの日は、新調した服を着て、お寺にお参りにいく。

▶お寺で男性はひたいに印をつけてもらう。

▼ディヤという小さな皿やろうそくなどを部屋にかざる。

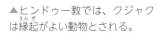

▲ヒンドゥー教では、クジャクは縁起がよい動物とされる。

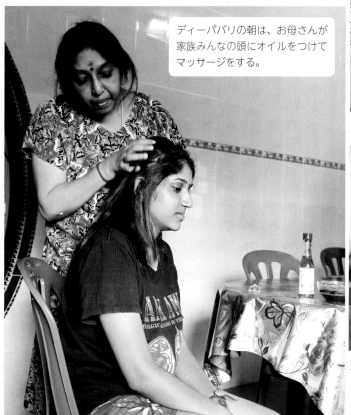

ディーパバリの朝は、お母さんが家族みんなの頭にオイルをつけてマッサージをする。

▲お寺からもどると、オープンハウスをおこなう。

▲オープンハウスでは、食事やお菓子がふるまわれる。

イスラム教の習慣とお祝い

■ 断食あけのお祝い

　マレーシアにくらすマレー系のほとんどの人は、イスラム教を信仰しています。聖地メッカに向かって毎日お祈りをするなど、イスラム教徒には守らなくてはならないさまざまな戒律がありますが、そのひとつに１か月間の断食があります。断食月（ラマダン）の間は、太陽が出ている間、食べ物や水をとらないのです。

　ラマダンが終わると、ハリ・ラヤ・プアサというお祝いをします。マレーシアのイスラム教徒にとって、1年でもっとも大切な日です。この日は、朝、モスクに行って礼拝をおこなったあと、家に親せきや近所の人を招いて食事をふるまう、オープンハウスをおこないます。実家に帰省して、家族とすごす人もいます。

▲断食月（ラマダン）は、日の出から日の入りまで飲食が禁止される。ラマダンが終わると、まちにはご飯を売る屋台「ラマダン・バザール」が広場にならび、たくさんの人でにぎわう。

▲お祈りの前に身体を清める。手→口→鼻→顔→腕→髪→耳→足の順に洗う。

▲モスクに入りきらなかった人は、外で礼拝をおこなう。

▲男女に分かれて礼拝をおこなう。礼拝中、女性は布で全身をおおう。

礼拝のあと、みなとあいさつをかわす。

お年玉をもらったよ！

▲モスクでの礼拝が終わると、オープンハウスが始まる。

▲オープンハウスでふるまわれる食事を皿によそう人びと。

▲家族のなかで、自分よりも年上の人にあいさつをし、この一年間におこなってしまった悪いことについて、許しをもらう。子どもはお年玉をもらう。家族のつながりを再確認する時間でもある。

▲▶この日に合わせて服を新調する。家族で色をそろえる。

ここに注目！

いけにえの動物を神にささげる

　イスラム教徒がおこなわなくてはならない「五行」のひとつに、メッカ巡礼があります。メッカで決められた1か月の間、お祈りをおこなった人は、最終日に牛やヒツジなどのいけにえを神にささげて巡礼の成功をお祝いします。メッカに行かなかった人も、最終日には地元でお祝いをします。

　この日は、朝にモスクで礼拝がおこなわれ、軽装に着がえたあとに、いけにえの家畜をアッラー（神）にささげます。男性が家畜をさばき、女性が料理をして、みんなで食べます。さばいた肉は袋に入れられて、各家庭に配られます。

◀モスクに集められた牛。コーランの一節をとなえながら、牛ののどを切る儀式。

▶モスクの外で牛を見守る子ども。大人の男性がおこなう儀式を見ながら、学んでいる。

収穫を祝うお祭り

動画が見られる!

ビダユ族の村の広場につくられた祭壇。

ボルネオ島の伝統的な収穫祭

　ボルネオ島のサバ州とサラワク州は、先住民族がもっとも多くくらす地域です。これらの地域にくらす先住民族の最大のお祭りは、収穫祭です。収穫したお米の精霊に感謝をして、次の年の豊作をお祈りします。

　サラワク州でガワイ・ダヤクとよばれている伝統的な収穫祭では、森の精霊やお米の精霊に感謝のお祈りをして、いけにえのニワトリをささげます。このような伝統的な儀式をおこなう地域は少なくなってしまいましたが、どの家でもオープンハウスをおこないます。親しい人を家に招待して、ごちそうやお菓子、お酒をふるまい、家族が集まります。

▲森の中でおこなわれる儀式。森の精霊に感謝の祈りをささげる。

▲儀式で演奏をする村の人びと。

演奏隊が乗った荷台をひきながら、村をねりあるくパレード。

▲竹を使って料理したご飯やとり肉など、伝統的なごちそうがならぶ。

▲パレードで歩く人たちに、それぞれの家の前で、お菓子をふるまう。

◀イバン族の伝統的な衣装。

▲ビダユ族の伝統的な衣装を着た男の子たち。

伝統的なお菓子を配っています！

自家製のお酒、トゥアッを配ります！

各地で受けつがれる伝統文化

マレーの文化とボルネオ島の文化

　多民族国家のマレーシアでは、それぞれの民族ごとに伝統的な工芸品や芸能があります。たとえば、ボルネオ島のサラワク州では、戦士として戦う男性の勇ましさや、女性の優雅さを表現した舞があります。森にくらす人びとの信仰や生活が、工芸品にも反映されています。

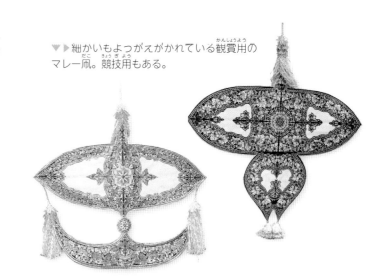

▼▶細かいもよつがえがかれている観賞用のマレー凧。競技用もある。

動画が見られる！

マレー系の人びとの伝統文化

金の糸を織りこんだソンケットとよばれる布を織る女性。

マレー凧は竹の骨組みに小さく切った紙をはってつくられる。

▲ワヤン・クリッとよばれる影絵芝居。ガムラン音楽とともに、人形使いの語り手が、ユーモアたっぷりに物語を語る。

▲シラットとよばれるマレー拳法。伝統音楽とともに、結婚式などでひろうされる。

▲マレーの伝統的な太鼓を演奏する人びと。

ボルネオ島サラワク州の伝統文化

動画が見られる!

▲イバン族のアジャットとよばれる民族舞踊を踊る女性たち。男性は勇ましく、女性は優美に踊る。

▲プア・クンブとよばれるイバン族の織物。独特のもようで、精霊信仰が表現されている。

◀▼サペとよばれるサラワク州の伝統ギター。ギターには、オランウル族の伝統的なもようがほどこされる。

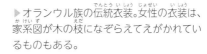

▲プナン族の鼻笛。片方の鼻のあなから空気を笛に送って音色を出す。

▶オランウル族の伝統衣装。女性の衣装は、家系図が木の枝になぞらえてえがかれているものもある。

Rainforest World Music Festival

毎年、サラワク州で開催される音楽祭。熱帯雨林に囲まれた会場で、地元の伝統音楽と、各国の伝統音楽を楽しむイベントで、世界中から人が集まる。

中国とマレー、2つの文化

▲プラナカンの伝統的な衣装を着た家族。女性の服はニョニャ・クバヤとよばれ、刺しゅうがほどこされたブラウスにバティック（ろうけつ染め）のスカートを組み合わせる。

プラナカン文化

　マラッカは、アジアとアラブ諸国、ヨーロッパを結ぶ、海上貿易の港として栄えていました。異国人の商人のなかには、中国からマレー半島に住みつき、中国の文化に現地のマレーの文化や風習を取りいれて、独自の文化をつくった人たちがいました。この移民の子孫をマレー語でプラナカンとよびます。男性はババ、女性はニョニャといいます。中国とマレーの2つの文化がまじって、独自の習慣が形成されました。

▲昔使われていた、陶器の枕。

▼プラナカン陶器のポット。

冠婚葬祭のときには、伝統衣装を着て、伝統的な食器を使って食事をする。

▶プラナカン陶器。中国で縁起がよいとされる竜などの絵があざやかなパステルカラーで塗られている。

◀ショップハウスの外壁に使われているプラナカン・タイルは、美しいもようがえがかれている。

▶貿易商人として活躍したババ・ニョニャの人びとが住んでいた家。現在は資料館になったババ・ニョニャヘリテージがマラッカにある。

マラッカとジョージタウン

ペナン島にあるジョージタウンも、海上貿易の地としてマラッカとともに栄えました。現在も、当時に建てられた建築やプラナカン文化が残り、さまざまな文化がまじりあう土地です。中国系の仏教寺院や、ヒンドゥー教の寺院、イスラム教のモスクがひとつの道ぞいにならぶ通りもあります。

ペナンは、マレーシアのなかで、中国系の人びとが多く住む地域です。中国系の人びとのいちばん大きな祝日は、春節（中国旧正月）です。この日は、家族や親せきが集まってごちそうを食べ、子どもはお年玉をもらいます。まちには獅子舞（ライオンダンス）が登場し、盛大にお祝いをします。

▲ 2階建ての長屋はショップハウスとよばれる。1階は店舗で、2階は住居になっている。

▲ 伝統的な中国式の建物の中で、中国茶を飲む男性。

中国系の水彩画家のシュウ・インさんは、マラッカのさまざまな文化がまじりあう雰囲気が気に入り、マラッカにギャラリーを開いて、絵をかいている。

失われていく森を守る

SDGsとくらし

マレーシアの森林は急速に失われている。森にくらすボルネオオランウータン、ボルネオゾウ、スマトラサイ、テングザルなどの絶滅が危惧されている。

くらしにかかせない熱帯雨林

マレーシアの熱帯雨林は、世界でもっとも植物の種類が多い森のひとつです。熱帯雨林は、多様な生態系を支えていて、地球温暖化防止の効果もあります。ところが近年、商業伐採、ゴムやアブラヤシプランテーションの開発、ダムの開発などにより、森が急激に減少しています。森が失われると、森でくらす人びとと生き物のくらしがおびやかされます。また、地球の温暖化、異常気象、自然災害など、地球全体に影響がでてきます。

マレーシア政府や各州、地元の人びと、そしてさまざまな機関がその対策にのりだしています。日本は、私たちの生活に欠かせなくなっているパーム油（アブラヤシからできる油）や木材を、マレーシアからたくさん輸入しています。私たちひとりひとりが持続可能なくらしを考え、できることから行動することが求められています。

日本マレーシア協会は、1995年からボルネオ島サラワク州で、熱帯雨林の再生のための植林活動を現地の人びととともに取り組んでいる。

▲森の環境は、海の環境と密接につながっている。海のもつ役割や海にくらす生物について学ぶエコツアー。

▲植林されたマングローブ。マングローブは、海の生物の生息場所になり、そこで産卵もおこなわれる。高波や強風、海岸侵食を防ぐ役割もある。

サラワク州森林管理局によって運営されているセメンゴ・ワイルドライフ・リハビリセンター。森の中で傷ついたり、親を失ったりしたオランウータンを森にもどすための半野生飼育をおこなっている。

ランカウイ島の熱帯雨林の中で、観光客に森の大切さを説明するネイチャーガイド。

両国の深いつながり

日本との関係

日本とは長い歴史の友好国

　1957年にマレーシアはイギリスから独立し、日本との外交関係を樹立しました。それ以降、マレーシアと日本はとても友好的な関係を築いています。これまで、マレーシアと日本の間では、貿易や技術協力、文化交流が活発におこなわれてきました。

　日本製の製品や日本の文化はマレーシアの生活のなかに、自然にとけこんでいます。また、日本への直行便も多く、日本を訪れるマレーシア人観光客の数がふえています。

　日本からのマレーシア長期滞在者も多く、マレーシアは日本人が住みたい海外の国として、とても人気があります。家族で滞在する人、企業で働く人、起業する人、高校や大学に留学する人など、たくさんの日本人がマレーシアでくらしています。

▲キャラクターがついているカラフルなカップケーキ。ドラえもんやポケモンなどのキャラクターはマレーシアでとても人気がある。

▲クアラルンプールにあるショッピングモールに入っている日系の書店。さまざまなジャンルの本を取りあつかっている。

▲回転ずしの店。すしやラーメンなどの日本食はとくに人気が高い。日本人がオーナーをつとめる日本食レストランの店もある。

▲日系のコンビニエンスストア。マレーシアならではの商品に加えて、日本で売られているようなおにぎりやお菓子も売っている。

まちなかを走るYAMAHAのバイク。
日本製の車やバイクの普及率は高い。

ルック・イースト政策

1981年に、当時のマハティール首相が、ルック・イースト政策をうちだしました。これは、経済的な発展をとげていた日本と韓国の人びとの学習、勤労意欲や経営能力を学んで、マレーシアの発展に役立てようというものです。

政策が実施されてから30年以上がたち、マレーシアから日本に留学や研修で派遣されたマレーシア人は、1万5000人以上にのぼります。多くの留学生は、日本の大学や高専で理工系を学んでいます。

元留学生・研修生は、マレーシアの日本企業で活躍したり、日本にとどまって起業する人もいます。現在は日本からマレーシアに学びに行く人も多く、今後もさまざまな分野で、マレーシアと日本の関係がさらに深まることが期待されています。

日本でくらしていたハニさん

私のマレーシア人の両親は、2人とも日本に留学しました。私はマレーシアで生まれましたが、親の仕事の関係で家族で日本に行き、私は日本の小学校に通いました。友達とよくプリクラを撮ったことと、学校の給食がなつかしいです。今は、マレーシアでくらしていて、中学校に通っています。マレーシアの友達のあいだでは、日本のアニメやゲームがとても人気があります。日本の大学で勉強したいと思っています。

マレーシア基本データ

正式国名

マレーシア

首都

クアラルンプール

▲首都クアラルンプールの独立広場の対面にある旧連邦事務局ビル。

言語

公用語はマレー語。英語もよく使われている。ほかに、中国語、タミル語など。

民族

ブミプトラ（マレー系と先住民族）が62.0%、中国系が22.7%、インド系が6.9％をしめる、多民族国家（2009年時点）。

宗教

国教はイスラム教。信仰の自由はみとめられている。イスラム教60.4%、仏教19.2%、キリスト教9.1%、ヒンドゥー教6.3%、儒教と道教2.6%（2000年1月時点）。

▲セランゴール州の州都、シャー・アラムにあるイスラム建築とマレー建築を融合させたモスク。通称「ブルー・モスク」。

通貨

通貨の単位はマレーシア・リンギット（RM）。1リンギットは日本円で約26円（2020年1月時点）。紙幣は、100、50、20、10、5、1リンギット。硬貨は、50、20、10、5セント。

政治

議会制民主主義による立憲君主制。国家元首は国王だが、政治的実権はほとんどない。議会は上院と下院の二院制。

▲行政都市プトラジャヤの首相府。マレー、イスラム、ヨーロッパの建築様式の影響を受けた建物が特徴の首相官邸。

情報

テレビ、インターネット、雑誌、新聞、ラジオなどがある。使用言語には、マレー語、英語、中国語、タミル語など。インターネット利用者率は81.2%（2018年時点）。

産業

1980年代までは、天然ゴム・すず・木材・パーム油などの一次産品の輸出にたよっていたが、1980年代以降、工業製品の輸出に力を入れるようになり、経済成長をとげた。近年は、電子・電気機器などの製造業が伸びている。

貿易

輸出総額 2474億ドル（2018年）
おもな輸出品は工業製品、原材料と燃料、食料品など。おもな輸出先は、シンガポール、中国、アメリカ、香港、日本など。

輸入総額 2175億ドル（2018年）
おもな輸入品は工業製品、原材料と燃料、食料品など。おもな輸入先は中国、シンガポール、アメリカ、日本、タイなど。

日本への輸出
2兆904億円（2018年）
おもな輸出品は、液化天然ガス、電気機器など。

日本からの輸入
1兆5389億円（2018年）
おもな輸入品は、電気機器、一般機械、鉄鋼など。

軍事

兵力 11万3000人（2019年）
陸軍が8万人、海軍が1万8000人、空軍が1万5000人。

海上貿易とマラッカ王国

　現在のマレーシアに位置する地域は、インド洋と南シナ海の間に位置し、古くから商人や旅行者が行き来する場所で、さまざまな文化や民族の影響を受けてきた。

　マラッカ海峡を初期のころから往来していたのは南インドの人びとで、紀元前1世紀ころ、南インドからマレー半島をへて、中国まで向かう海上貿易が始まった。そこでは、金や香料が取り引きされた。また、文化交流も始まり、南インドのヒンドゥー教の文化や社会制度が取り入れられて、スマトラやジャワで王国が成立するきっかけとなった。6世紀にはスマトラ島南部のパレンバンにシュリビジャヤ王国がおこり、マレー半島各地に文化的な影響をもたらした。

　14世紀末にパレンバンがジャワ島のマジャパイト王国に占領されると、パレンバンの王族はマラッカに逃れ、15世紀はじめにマラッカ王国が誕生。マラッカは、世界の交易船が集まる国際貿易港としてさかえ、その当時、海上貿易をとりしきっていたペルシャ、アラブ、インドからやってきたイスラム教徒の影響を受けて、15世紀の後半に完全にイスラム化した。

ヨーロッパ各国の支配と日本の占領

　1511年、ポルトガル艦隊にマラッカが占領されると、マラッカ国王はジョホールに移り、ジョホール王国をたてた。1641年にはポルトガル艦隊をやぶったオランダが、マラッカを占領した。1786年にイギリスがペナン島を手に入れたことをきっかけに、イギリスによるマレー半島の植民地支配がはじまり、20世紀初頭にはイギリス領マラヤとして支配を強めた。同じ時期に、ボルネオ島のサバとサラワクもイギリスの支配下となった。その間、イギリスはマラヤですず鉱山とゴム農園の開発に力を注ぎ、多くの労働者が中国と南インドからよびよせられたことから、現在のような多民族構成ができあがった。

　1941年に太平洋戦争が始まると、日本軍がコタ・バルに上陸し、半島を南下して、50日ほどの間にマラヤを占領し、サバ、サラワクも日本軍が占領して、イギリスは撤退した。1945年に日本が連合国軍に無条件降伏をすると、ふたたびイギリスがマラヤとサバ、サラワクを支配し、1948年にはイギリスがマレー人の特権をみとめたマラヤ連邦が結成された。その後、民族運動が高まり、1957年8月31日にマラヤ連邦がイギリスから独立し、初代首相にはトゥンク・アブドゥル・ラーマンがついた。さらに、1963年にはシンガポール、ボルネオ島のサバ、サラワクを加えてマレーシア連邦が発足。しかし、華人が多くをしめるシンガポールが1965年に分離独立し、マレーシアとなった。

▲オランダ軍による攻撃にそなえ、ポルトガル軍がつくったサンチャゴ砦。

民族対立と独立。発展の道へ

　イギリス植民地支配の影響で、貧富の差が大きな社会問題となった。都市部には裕福な一部のマレー人と、植民地時代に移住した華人やインド人がくらすいっぽう、多数のマレー人は農村で貧しいくらしをしていた。1969年5月13日に一部のマレー人と華人の対立による民族暴動事件が発生して、500人をこえる死傷者を出す大惨事となった。翌1970年にラザク首相が就任して、この暴動事件をきっかけに、マレー人を優遇することで経済格差を縮小しようとする、「ブミプトラ政策」を導入した。

　1981年に就任したマハティール首相は、日本や韓国の成功モデルを学んで自国の発展に役立てようと、「ルック・イースト政策」を発表した。1991年には、2020年までにマレーシアを先進国レベルに高める、「ビジョン2020」を国民にむけて発表した。マレーシアは現在も経済成長を進めている。20年以上にわたって首相をつとめたマハティールは2003年に引退したが、2016年に新党を結成して、2018年に首相にもどった。

さくいん

取材を終えて

東海林美紀

「今からちょっと昔、戦争が終わったことを知らずに、森の中で一人きりで長い間生きのびていた男性がいたんだ。森の中にあるものだけを食べていたんだけれど、発見されたとき、その男性はとても元気だった。その理由は、朝に森の中を歩くときっとわかるよ」

ランカウイ島に滞在中、ネイチャーガイドのイルシャドさんに誘われて、島にくらす薬草の先生たちといっしょに熱帯雨林の中を案内してもらいました。夜が明けたばかりで、まだまだ暗い森の中。高い木の上にとまったサイチョウが、ラッパをふくかのように、大きな声で鳴いているのを聞きながら、森の奥へと進んでいきました。しばらくすると、朝日が木の間からさしこんで、きらきらと水面が光った小さな川にたどり着きました。

「森の中でくらしていたその男性は、毎朝、葉っぱにつくしずくを、シャワーがわりに身体につけていたんだ。それをマレー語でマンディ・エンブンといって、朝の森のしずくには特別な力があると考えられているんだよ。今日はしずくを浴びるかわりに川で泳ごう」

そう言って、イルシャドさんは服を着たまま川で泳ぎはじめ、私たちもそれに続いて川に飛びこみました。水はひんやりと冷たくて、とても気持ちのいい水浴びです。

▲朝の森の中の水と空気は、ひんやりと冷たい。

水からあがって、大きく息を吸いこむと、体のすみずみまで、できあがったばかりの森の新鮮な空気が入っていくような気がしました。

日本にもどってからも、朝、窓の外の木を見るたびに、あの日の森の中での水浴びや、マレーシア各地で教えてもらったお話をなつかしく思い出しています。

たくさんの方がたにご協力いただいて、この本ができあがりました。この本に出会ったみなさんに、少しでもマレーシアに興味をもってもらえたらうれしいです。

たくさんの感謝をこめて。

● 監修

新井卓治（日本マレーシア協会専務理事）

● 取材協力（順不同・敬称略）

Chong Kim Guan / Daud Abdul Hamid / Dina Fuad / Haji Ishak Bin Haji Surin / Muna Fuad / Irshad Mobarak / Pei Khoek / Premachandran Kalimuthu / Suraya Fuad / Vaishnavi Balakrishnan / Yang Sok Huei / SK Bukit Damansara / SK Batu Bungan / SJKC Choong Wen / 酒井和枝 / サラワク州観光局 / マレーシア政府観光局

● 参考文献

奥野克巳著『ありがとうもごめんなさいもいらない森の民と暮らして人類学者が考えたこと』（亜紀書房）
S・オスマン・クランタン著『ある女の肖像』（大同生命国際文化基金）
松岡達英原案・絵『熱帯探検図鑑　マレーシア』（偕成社）
モハメド・ムスタファ・イスハック著『マレーシア国民のゆくえ　多民族社会における国家建設』（日本マレーシア協会）
古川音著『地元で愛される名物食堂　マレーシア』（ダイヤモンド社）
イワサキチエ・丹保美紀著『マレー半島　美しきプラナカンの世界』（産業編集センター）
藤村裕子 / タイバ・スライマン編訳『レダン山のお姫様　マレーシアの昔話』（大同生命国際文化基金）
『データブック オブ・ザ・ワールド 2020』（二宮書店）

● 地図：株式会社平凡社地図出版
● 校正：株式会社鷗来堂
● デザイン：株式会社クラップス（佐藤かおり、神田真里菜）

現地取材！　世界のくらし8

マレーシア

発行　2020 年 4 月　第 1 刷

文・写真　：東海林美紀（とうかいりん みき）
監修　　　：新井卓治（あらい たくじ）
発行者　　：千葉均
編集　　　：原田哲郎
発行所　　：株式会社ポプラ社
〒 102-8519　東京都千代田区麹町 4-2-6
電話：（営業）03-5877-8109
　　　（編集）03-5877-8113
ホームページ：www.poplar.co.jp
印刷・製本　：凸版印刷株式会社

©Miki Tokairin 2020 Printed in Japan
ISBN978-4-591-16528-7
N.D.C.292/48P/29cm

現地取材！ 世界のくらし

Aセット 全5巻（①〜⑤）

① 日本	常見藤代／文・写真 アルバロ・ダビド・エルナンデス・エルナンデス／監修	
② 韓国	関根淳／文・写真 李香鎮／監修	
③ 中国	吉田忠正／文・写真 藤野彰／監修	
④ モンゴル	関根淳／文・写真 尾崎孝宏／監修	
⑤ ネパール	吉田忠正／文・写真 藤倉達郎、ジギャン・クマル・タパ／監修	

Bセット 全5巻（⑥〜⑩）

⑥ フィリピン	関根淳／文・写真 寺田勇文／監修	
⑦ インドネシア	常見藤代／文・写真 倉沢愛子／監修	
⑧ マレーシア	東海林美紀／文・写真 新井卓治／監修	
⑨ ベトナム	小原佐和子／文・写真 古田元夫／監修	
⑩ タイ	小原佐和子／文・写真 馬場雄司／監修	

続刊も毎年度刊行予定！

- 小学高学年〜中学向き
- オールカラー
- A4変型判　各48ページ
- 図書館用特別堅牢製本図書

ポプラ社はチャイルドラインを応援しています

18さいまでの子どもがかけるでんわ

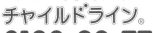

チャイルドライン®

0120-99-7777

毎日午後4時〜午後9時 ※12/29〜1/3はお休み

電話代はかかりません　携帯（スマホ）OK

チャット相談はこちらから